MW00443141

Казки братів Грімм
Grimm Brothers Fairy Tales

Bilingual book in Ukrainian and English
by Svetlana Bagdasaryan,
Translated into Ukrainian by Elizabeth Golota

Бременські музиканти
Bremen Town Musicians

Один чоловік мав осла, який багато років покірно возив йому лантухи до млина. Та під старість сили покинули осла, і він став нездатний до роботи. Тоді господар почав думати, як би здихатися його, щоб не годувати. Зрозумів осел, що лихим вітром віє, втік від господаря та й подався до Бремена. Там думав він стати вуличним музикою. От пройшов він трохи і бачить – лежить при дорозі пес-гончак, висолопив язика і насилу дихає, наче після важкої гонитви.

– Агов, Хапку, чого ти так важко сопеш? – запитав осел.

– Ох, – відповів пес, – старий я став, що не день, то більш занепадаю на силі, на полювання ходити вже не можу, от мій хазяїн і надумав мене вбити. А я втік од нього. Але як же мені тепер на хліб собі заробити?

* * *

A certain man had a donkey, which had carried the corn-sacks to the mill indefatigably for many a long year. But his strength was going, and he was growing more and more unfit for work. Then his master began to consider how he might best save his keep. But the donkey, seeing that no good wind was blowing, ran away and set out on the road to Bremen. *There*, he thought, *I can surely be a town-musician.*

When he had walked some distance, he found a hound lying on the road, gasping like one who had run till he was tired. "What are you gasping so for, you big fellow," asked the donkey.

"Ah," replied the hound, "As I am old, and daily grow weaker, and no longer can hunt, my master wanted to kill me, so I took to flight, but now how am I to earn my bread."

– Знаєш що, – сказав осел, – я йду ось до Бремена, хочу там стати музикою. Гайда зі мною, то й ти влаштуєшся музикантом. Я гратиму на лютні, а ти битимеш у барабан.

Пес радісно погодився, і вони пішли далі разом. Недовго вони йшли, коли дивляться – сидить при дорозі кіт, і такий сумний, наче три дні не їв нічого.

– Ось і кіт–воркіт! – гукнув осел. – Гей, старий воркоте, чого скривився, наче середа на п'ятницю?

– А чого ж мені веселому бути? – відповів кіт. – Постарів я, зуби затупились, уже радніший би на лежанці погрітися, ніж ганятися за мишами, – от хазяйка, бач, і надумала мене втопити. Я ледве втік од неї. І що тепер мені робити? От коли б хто дав добру пораду.

* * *

"I tell you what," said the donkey, "I am going to Bremen, and shall be a town-musician there. Come with me and engage yourself as a musician too. I will play the lute, and you shall beat the kettle-drum." The hound agreed, and on they went.

Before long they came to a cat, sitting on the path, with a face like three rainy days. "Now then, old shaver, what has gone askew with you," asked the donkey.

"Who can be merry when his neck is in danger," answered the cat. "Because I am now getting old, and my teeth are worn to stumps, and I prefer to sit by the fire and spin, rather than hunt about after mice, my mistress wanted to drown me, so I ran away. But now good advice is scarce. Where am I to go?"

– Гайда з нами в Бремен, ти ж мастак давати нічні концерти, от і станеш вуличним музикантом.

Котові це сподобалося, і вони пішли далі втрьох. Ось ідуть троє втікачів повз одну оселю, а там на воротях сидить півень і кукурікає, аж луна розлягається.

– Чого розкукурікався, наче тебе ріжуть? –запитав осел. – Що там таке сталося в тебе?

– Та це я кукурікаю на гарну годину, – відказав півень, – бо завтра неділя, завітають гості, і наша господиня звеліла куховарці відрубати мені ввечері голову, а завтра зварити суп, гостей частувати. От я і горлаю, поки ще можу.

– Слухай, гребенястий, – мовив осел, – ходімо з нами в Бремен. Все–таки краще, ніж отут прийняти смерть. Голос у тебе гарний, а як підеш із нами, то ми разом утнемо такої музики, що буде любо слухати.

* * *

"Go with us to Bremen. You understand night-music, you can be a town-musician." The cat thought well of it, and went with them.

After this the three fugitives came to a farm-yard, where the cock was sitting upon the gate, crowing with all his might.

"Your crow goes through and through one," said the donkey. "What is the matter?"

"I have been foretelling fine weather, because it is the day on which our lady washes the christ-child's little shirts, and wants to dry them," said the cock. "But guests are coming for Sunday, so the housewife has no pity, and has told the cook that she intends to eat me in the soup tomorrow, and this evening I am to have my head cut off. Now I am crowing at the top of my lungs while still I can."

"Ah, but red-comb," said the donkey, "You had better come away with us. We are going to Bremen. You can find something better than death everywhere. You have a good voice, and if we make music together, it must have some quality."

Півневі сподобалася рада, і вони вже учотирьох рушили далі.

Але Бремен був далеко, за один день не дійти. Надвечір вони добулися до великого лісу і вирішили там переночувати. Осел і пес лягли під великим деревом, кіт заліз на гілля, а півень вилетів на самий вершечок, бо там почував себе найбезпечніше.

Але перш ніж заснути, він пильно озирнувся на всі чотири боки, і йому видалося, ніби вдалині блимає світельце. Він гукнув до своїх товаришів, мовляв, десь тут недалеко є оселя, коли видно світло.

– То чого ж ми тут сидимо? – сказав осел. – Ходімо туди, бо притулок під деревом зовсім нікудишній.

Пес додав, що на вечерю не завадило б кілька маслаків та трохи м'яса на них, і друзі вирушили в дорогу, туди, де блимало світло. Що ближче вони підходили, то все яснішало, більшало те світло, аж нарешті опинилися біля розбійницького дому – це тут так яскраво світилося.

Осел, як найбільший серед них, підійшов до вікна і заглянув у дім.

* * *

The cock agreed to this plan, and all four went on together. They could not reach the city of Bremen in one day; however, and in the evening they came to a forest where they meant to pass the night. The donkey and the hound laid themselves down under a large tree, the cat and the cock settled themselves in the branches. But the cock flew right to the top, where he was most safe. Before he went to sleep he looked round on all four sides, and thought he saw in the distance a little spark burning. So he called out to his companions that there must be a house not far off, for he saw a light.

The donkey said, "If so, we had better get up and go on, for the shelter here is bad." The hound thought too that a few bones with some meat on would do him good.

So they made their way to the place where the light was, and soon saw it shine brighter and grow larger, until they came to a well-lighted robbers, house.

The donkey, as the biggest, went to the window and looked in.

– Ну, сірий, що ж там видно? – запитав півень.

– Ого, що я бачу! – відповів осел. – Стіл накритий білою скатертиною, на столі предобрі наїдки й напої, а навколо сидять розбійники і п'ють–їдять собі.

– От би й нам так! – сказав півень.

– Добре було б, що й казати! – погодився осел.

І почали вони радитись, як їм звідтіля розбійників прогнати. Думали, думали і нарешті придумали: осел передніми ногами стане на підвіконня, пес вискочить на осла, кіт – на пса, а півень злетить котові на голову. Постававши так, вони в один голос завели свою музику: осел ревів, пес гавкав, кіт нявчав, півень кукурікав. Потім усі як гукнуть крізь вікно в кімнату, аж шибки забряжчали.

Від цього ґвалту перелякані розбійники посхоплювалися з–за столу, бо думали, що то якась мара, і, до краю перелякані, дременули в ліс.

* * *

"What do you see, my grey-horse?" asked the cock.

"What do I see?" answered the donkey. "A table covered with good things to eat and drink, and robbers sitting at it enjoying themselves."

"That would be the sort of thing for us," said the cock.

Then the animals took counsel together how they should manage to drive away the robbers, and at last they thought of a plan. The donkey was to place himself with his fore-feet upon the window-ledge, the hound was to jump on the donkey's back, the cat was to climb upon the dog, and lastly the cock was to fly up and perch upon the head of the cat.

When this was done, at a given signal, they began to perform their music together. The donkey brayed, the hound barked, the cat mewed, and the cock crowed. Then they burst through the window into the room, shattering the glass.

At this horrible din, the robbers sprang up, thinking no otherwise than that a ghost had come in, and fled in a great fright out into the forest.

А наше товариство посідало собі за стіл і почало напихатися так, ніби хотіло наїстись на цілий місяць.

Коли ті четверо музикантів наїлись, то погасили світло і полягали спати, кому де зручніше. Осел ліг на купі гною, пес – за дверима, кіт – на припічку біля теплого попелу, а півень – на сідалі. А що в дорозі всі добре натомилися, то скоро міцно поснули.

Десь після півночі розбійники побачили здалеку, що світло в домі погасло і все начебто затихло, то отаман і каже:

– Та чого ми полякалися?

І послав одного глянути, що там у домі робиться.

Той пішов і роздивився, що біля хати все тихо, зайшов на кухню засвітити світло, побачив, як у темряві світяться котові очі, і подумав, що то дві жарини. Тоді взяв сірника і хотів запалити та й тицьнув коту в око. Але кіт таких жартів не любив. Він стрибнув розбійнику просто в обличчя, засичав, почав дряпатись. Розбійник страшенно злякався, кинувся навтікача, а за дверима пес схопився й угородив йому зуби в ногу. Розбійник – надвір, а тут осел як хвицне його. А від галасу прокинувся й півень на сідалі та як крикне: «Кукуріку! »

The four companions now sat down at the table, well content with what was left, and ate as if they were going to fast for a month. As soon as the four minstrels had done, they put out the light, and each sought for himself a sleeping-place according to his nature and what suited him. The donkey laid himself down upon some straw in the yard, the hound behind the door, the cat upon the hearth near the warm ashes, and the cock perched himself upon a beam of the roof. And being tired from their long walk, they soon went to sleep.

When it was past midnight, and the robbers saw from afar that the light was no longer burning in their house, and all appeared quiet, the captain said, "We ought not to have let ourselves be frightened out of our wits," and ordered one of them to go and examine the house."

The messenger finding all still, went into the kitchen to light a candle, and, taking the glistening fiery eyes of the cat for live coals, he held a lucifer-match to them to light it. But the cat did not understand the joke, and flew in his face, spitting and scratching. He was dreadfully frightened, and ran to the back-door, but the dog, who lay there sprang up and bit his leg. And as he ran across the yard by the dunghill, the donkey gave him a smart kick with its hind foot. The cock, too, who had been awakened by the noise, and had become lively, cried down from the beam, "Cock-a-doodle-doo."

Тікає розбійник щодуху, прибігає до отамана та й каже:

– Ох, пане отамане, там таке робиться! В хаті сидить страшнюча відьма! Як засичала на мене, як учепилась довгими пазурами – всю пику подряпала, а в дверях чоловік з ножем як штрикне мене в ногу! А надворі якесь чорне чудовисько як уперіщить мене довбнею! А вгорі сидить, мабуть, суддя, бо кричить: «Розбишаку сюди!» То я ледве вирвався.

Відтоді розбійники боялися і близько підійти до свого дому.

А наші четверо музикантів так уподобали те місце, що не захотіли більше нікуди йти.

* * *

Then the robber ran back as fast as he could to his captain, and said, "Ah, there is a horrible witch sitting in the house, who spat on me and scratched my face with her long claws. And by the door stands a man with a knife, who stabbed me in the leg. And in the yard there lies a black monster, who beat me with a wooden club. And above, upon the roof, sits the judge, who called out, *bring the rogue here to me.* So I got away as well as I could.

After this the robbers never again dared enter the house. But it suited the four musicians of Bremen so well that they did not care to leave it anymore.

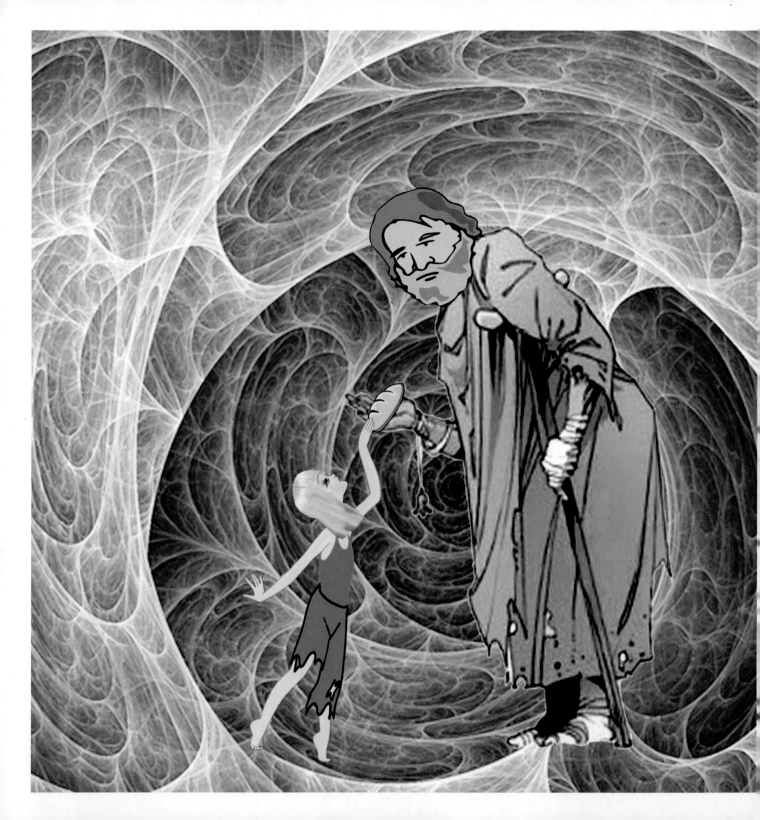

Зоряні талери
The Star Money

Жила- була маленька дівчинка. Батько і мати у неї померли, і була вона така бідна, що не було у неї навіть комірчини, де жити, і ліжечка, де спати. Був в неї тільки одяг, що на ній, і шматочок хлібця в руці, який якась добра душа подала їй. Дівчинка була хороша і доброчесна. І від того що була вона всіма покинута, пішла вона світ за очі, покладаючись на волю господню.

Зустрівся їй на дорозі бідняк і каже:

- Ах, дай мені чогось поїсти, я так зголоднів.

Вона простягнула йому останній шматочок хліба і сказала:

- Благослови тебе Господь, - і пішла далі.

По дорозі вона зустріла дитину, він жалібно плакав:

- Моя головка замерзла, дай мені що-небудь, чим би я міг її покрити.

* * *

There was once upon a time a little girl whose father and mother were dead, and she was so poor that she no longer had a room to live in, or bed to sleep in, and at last she had nothing else but the clothes she was wearing and a little bit of bread in her hand which some charitable soul had given her. She was good and pious, however. And as she was thus forsaken by all the world, she went forth into the open country, trusting in the good God.

Then a poor man met her, who said, "Ah, give me something to eat, I am so hungry."

She handed him the whole of her piece of bread, and said, "May God bless you," and went onwards.

Then came a child who moaned and said, "My head is so cold, give me something to cover it with."

Вона зняла свою шапочку і віддала йому.

Пройшла вона ще трохи і зустріла іншого дитини, на ньому не було куртки, і він весь замерз. Вона віддала йому свою куртку. Потім інша дитина попросив у неї плаття, і вона віддала його.

Прийшла вона в ліс, вже зовсім стемніло, і зустрівся їй ще дитина. Він попросив у неї сорочку. Добра дівчинка подумала: "Ніч темна, мене ніхто не побачить, - можна, мабуть, віддати і сорочку," - вона зняла сорочку і віддала.

І от коли в неї нічого більше не залишалося, з неба стали падати зірки, а були то не зірки, а блискучі талери; і хоча вона віддала свою останню сорочку, але з'явилася на ній нова так притім з самого тонкого льону.

Підібрала вона талери, і вистачило їй їх на все життя.

* * *

So she took off her hood and gave it to him.

And when she had walked a little farther, she met another child who had no jacket and was frozen with cold. Then she gave it her own, and a little farther on one begged for a frock, and she gave away that also.

At length she got into a forest and it had already become dark, and there came yet another child, and asked for a shirt, and the good little girl thought to herself, "It is a dark night and no one sees you, you can very well give your shirt away," and took it off, and gave away that also.

And as she so stood, and had not one single thing left, suddenly some stars from heaven fell down, and they were nothing else but hard smooth pieces of money, and although she had just given her shirt away, she had a new one which was of the very finest linen. Then she put the money into it, and was rich all the days of her life.

Ельфи

Швець хоч і був працьовитим, але так збіднів, що залишилося у нього шкіри всього на одну- єдину пару черевиків. Увечері скроїв він із залишків шкіри черевики, щоб вранці їх зшити. Ліг він в ліжко з чистою совістю, помолився і заснув.

На ранок зібрався було швець прінятьсі за роботу. Зирк - стоять на столі два готові черевика. Подивлюся швець, не знаючи, що й думати. Взяв він в руки черевики, розглянув їх трохи краще. Так ладно були вони зшиті: жоден шовчик ніде не скривився, ніби рука майстра їх спрацювала.

Незабаром до шевця прийшов покупець. Так йому черевики сподобалися, що дав він за них вдвічі більше звичайного. Швець на ці гроші купив шкіри ще на дві пари черевиків. Скроїв він їх увечері, а вранці збирався за шиття взятися. Але й на цей раз не довелося йому черевики шити. Він устав, бачить - черевики вже готові. І покупці не змусили себе чекати. Заплатили вони шевця стільки, що він на ці гроші шкіри ще на чотири пари черевиків купив. Скроїв майстер черевики, а вранці дивиться - вже чотири пари готові.

Так з тих пір і повелося. Скроїть він з вечора черевики, вранці вони готові стоять. Був тепер у шевця вірний шматок хліба, став він жити в достатку.

Одного вечора під Різдво перед сном швець каже дружині:

- Що, якщо нам нині вночі не лягати да підглядати, хто нам допомагає?

Одягом, що весів і стали вартувати.

The Elves

A shoemaker, by no fault of his own, had become so poor that at last he had nothing left but leather for one pair of shoes. So in the evening, he cut out the shoes which he wished to begin to make the next morning, and as he had a good conscience, he lay down quietly in his bed, commended himself to God, and fell asleep.

In the morning, after he had said his prayers, and was just going to sit down to work, the two shoes stood quite finished on his table. He was astounded, and knew not what to think. He took the shoes in his hands to observe them closer, and they were so neatly made, with not one bad stitch in them, that it was just as if they were intended as a masterpiece.

Before long, a buyer came in, and as the shoes pleased him so well, he paid more for them than was customary, and, with the money, the shoemaker was able to purchase leather for two pairs of shoes. He cut them out at night, and next morning was about to set to work with fresh courage, but he had no need to do so for, when he got up, they were already made, and buyers also were not wanting, who gave him money enough to buy leather for four pairs of shoes.

Again the following morning he found the pairs made, and so it went on constantly, what he cut out in the evening was finished by the morning, so that he soon had his honest independence again, and at last became a wealthy man.

Now it befell that one evening not long before Christmas, when the man had been cutting out, he said to his wife, before going to bed, "What think you if we were to stay up to-night to see who it is that lends us this helping hand?"

The woman liked the idea, and lighted a candle, and then they hid themselves in a corner of the room, behind some clothes which were hanging up there, and watched.

Опівночі прийшли два пригожих маленьких голеньких чоловічка, сіли на столі, присунули до себе розкроєну шкіру і стали шити черевики. Крихітні їх пальчики так і бігають: то спритно голкою працюють, то молотком стукають. Дивуються швець з дружиною, очей від чоловічків відвести не можуть. Ні хвилинки не перепочили, поки все не дошили. Помилувалися чоловічки на свою роботу і зникли не відомо куди.

На інший ранок дружина каже:

- Чоловічки ці допомогли нам розбагатіти. Треба б їх за доброту віддячити. На вулиці холодно, а вони роздягнені. Знаєш що, пошию -ка я їм сорочечки, кафтанчік, жилетики і штанці. І кожному по парі панчішок зв'яжу, ти ж їм по парі черевичків ший.

Чоловік їй у відповідь:

- Я з радістю це зроблю.

До вечора все було готово. Поклали вони на стіл замість раскроєнної шкіри подарунки, а самі сховалися, щоб подивитися, як чоловічки подарунки приймуть.

* * *

When it was midnight, two pretty little naked men came, sat down by the shoemaker's table, took all the work which was cut out before them and began to stitch, and sew, and hammer so skilfully and so quickly with their little fingers that the shoemaker could not avert his eyes for astonishment. They did not stop until all was done, and stood finished on the table, and they ran quickly away.

Next morning the woman said, "The little men have made us rich, and we really must show that we are grateful for it. They run about so, and have nothing on, and must be cold. I'll tell you what I'll do, I will make them little shirts, and coats, and vests, and trousers, and knit both of them a pair of stockings, and you make them two little pairs of shoes."

The man said, "I shall be very glad to do it." And one night, when everything was ready, they laid their presents all together on the table instead of the cut-out work, and then concealed themselves to see how the little men would behave.

Опівночі прийшли чоловічки і збиралися негайно за роботу прийнятися. Але раскроенної шкіри на столі не знайшлося. Зате бачать - лежить там одяг. Подивувалися вони, а потім так зраділи, самі не свої від щастя стали. Вони швиденько одяглися й заспівали:

Ну хіба не гожі ми?
Працювати більше не повинні.

Стали чоловічки гратися, веселитися і танцювати. Вискочили у двір і зникли. З того часу більше вони не приходили.
А швець зажив з тих пір розкошуючи.

* * *

At midnight they came bounding in, and wanted to get to work at once, but as they did not find any leather cut out, but only the pretty little articles of clothing, they were at first astonished, and then they showed intense delight. They dressed themselves with the greatest rapidity, put on the beautiful clothes, and sang,

"Now we are boys so fine to see,
Why should we longer cobblers be?"

Then they danced and skipped and leapt over chairs and benches. At last they danced out of doors. From that time forth they came no more, but as long as the shoemaker lived all went well with him, and all his efforts prospered.

Copyright © 2015 by Svetlana Bagdasaryan.
All rights reserved.

Made in the USA
Middletown, DE
09 August 2022

70956675R00015